大雅

为一种品格注脚

本书获“河北大学诗丛”项目资助

啄木鸟来访

大雅诗丛

雷武铃——主编

ZHUOMUNIAO
LAIFANG

刘巨文——著

广西人民出版社

序

雷武铃

因为在河北大学工作，我有缘认识一群非常优秀的年轻诗人。在进退起伏的时代浪潮的冲刷之中，和他们共享着某种精神价值，结成了迄今二十多年的诗歌友谊。我目睹时间的魔法将这群躁动欢闹的青春少年变为面容稳重的成熟诗人，深知他们诗歌的深刻卓越和几乎不为人知的状态。他们对发表的淡然可能受过我的影响，因此我觉得对此负有责任，一直想促成一套河北大学相遇诗丛的出版。现在有五部诗集要出版了——被收入著名的“大雅诗丛”国内卷第三辑，我虽然对写序很畏难，但有机会正式推介这些诗人我也很乐意。

新诗是一门自带理念与理想，自设要求、难度和目标的艺术（似乎一切艺术皆如此）。它仍符合中国古代诗歌“在心为志，发言为诗。情动于中而形于言”的宗旨和浪漫主义诗人“诗是内心强烈情感的自然流露”的信条，它仍是普遍人性的自然表达。但自觉性和批判性更是现当代诗人写作的必须条件，它们决定着当代诗歌的必要性与有效性，是区分诗人和一般爱好者的界限。这种自觉性和批判性，既针对诗歌本身——它的演变历史，它的语言形态和表现方式，它的美学观念和抱负——也针对诗歌内容所涉及的现实真实性，还包括诗人自身的反省与确认。它们最终构成一个诗人与其诗歌的映象关系：他的存在、他的生活与生命如何进入语言，成为诗歌，从而确认其存在。

这五位诗人的诗都有自带的理念和理想，都有自设的难度和要求。一种并非单一而是多重的综合性要求。和那些偏向单一语言修辞或历史、道德与政治正确（或不正确）态度而成姿态的诗人不同，这些要求更隐蔽、微妙一些，不太容易被一下子辨识出来。他们的难度不仅在于语言特异化修辞的创新，更在于语言和真实之间最紧密的触及方式，在于辨识世界的真实和自我的真实之间的关系并予以最准确的命名：描述和概括，并最终将具体有形的语言融合进一种更高的无形的意义之中。在反复确认诗歌与他们的社会生活、个体存在、他们所在的世界历史之间的关系中，他们实践着自己的人生即诗歌的信条，实践着自己个人的德性。他们的诗没有空洞的高调，他们的批评主要是指向自己，而非外部世界。他们的诗是一种自我修养，与当今社会现实、个体存在的孤独困境相关。他们用自己具体的诗歌写作回答荷尔德林在现代历史开端时提出的老问题：贫乏的时代，诗人何为？他们诗歌内在的严肃性皆源于他们认为诗作为一门语言的艺术，既与语言自身的表达历史以及艺术相关，也与诗人关于自我和世界的精神探索相关。诗歌需要建立语言与现实的关系，确立其必要性。

他们之间持久的诗歌友谊和共同的诗歌精神与态度令人瞩目，同时他们每个人具体的诗歌写作中又有着非常不同的取向。他们的个性、气质有着巨大的差异，这自然体现在他们的诗歌形态与风格上。这正是诗之本义，因此很有必要谈一下他们各自的独特性。

杨震的诗起于南方少年才子的善感与唯美，中途变为魏晋风度和浪漫主义的坦荡与高亢，其语言又有着现代诗歌刻意的浓缩与变形。他的诗始终有着因单纯而来的极致与活力。即使是他描写性的诗歌，细节的观察也有一种直上云霄的劲头，这使他的诗总有一股逼人的英气。在他《响水坝的人》这类写人叙事的诗中，他心灵单纯的质地因为融入一个客观世界的丰富性从而获得某种减速、从容与扩展。

这次全面读他的诗集，最触动我的，是他诗中那种单纯、热烈的声音。这是内心的呼声，雀跃欢呼的诗意。他的诗富有沉思性，一种认识世界的努力，沉浸性思考的天赋，一种澄清混乱的世界和确认自己迷乱的内心最真实存在的内在需求。他的诗有一个焦点与核心，一种自我生命的存在意识，一个吸附和汇聚这个世界和社会的全部现象，由他生命存在的全部意识凝结而成的神秘中心。这自我的生命感受：困惑与觉悟，既是他诗中的痛苦也是其喜悦的根源。他的诗延续着一种古老的意识和主题，古树开新花，将生命意识和情感映射到万物之中。

套用燕京大学"因真理、得自由、以服务"的校训，志军的诗可谓因朴素、得伟大、以垂范。他写的是个人生活和生命根基性的内容，他的诗关注的是生命存在最基本的问题。他写出了个人出生、成长的那个小地方，也就写出了全世界（从他的第一部诗集《世界上的小田庄》开始建造的世界，在这部诗集中得以完成），正如普鲁斯特那部写个人记忆中最琐屑的内心体验的《追忆似水年华》唤醒所有人的生命记忆。他和普鲁斯特一样倾注生命全部的热情与爱，写最细微、最地方、最个人、最微不足道的事，这些微观的个人印象最后构成宏大的世界和心灵的画卷，这些微弱的心灵悸动最后成为世上最真实坚实的存在；相比之下世界每天巨大的喧嚣，似乎只是些历史的浮沫。与这最朴素的事业相匹配的是，他极为专注的心灵品质，他极为耐心的聚焦天赋。他诗歌沉静的魔力就来自这种专注的品质与清晰的聚焦。

志军诗的成功还源于他高超的诗歌技艺。朴素的诗最难写，就在于需要与之相匹配的技艺。志军的诗歌技艺也是最朴素、高超的一种，不是炫技外露，而是节制、隐藏与自我消失的艺术。和陶渊明、福楼拜、契诃夫、毕肖普相似，他深谙艺术之道，其苦心经营的是以最简洁有效的方式将世界、事实和自己直接呈现，去除任何痕迹。他的艺术抱负最朴素而诚恳，谦卑又宏伟，他从最细微处起步，不仅在一首诗中结构，还在整部诗集中结构，在整个写作中结构，最终完成了一个坚实世界的创造。他的思想也是最朴素的，那些未写出的只是在心里承受，这些写出的，都是从他心灵深处的再次诞生，从而获得生命光彩。他的诗既是对个体存在的专注，又有重要的伦理性。他的诗并不是只停留在诗中，也不只停留在诗人中，它们属于一个更广阔的系统，一个道德、伦理和存在意义的系统。作为诗人他写诗也是在完善他自己，修炼他自己。当代大多数诗人都是凌乱的、摇摆的、即兴的，碰到什么是什么，只是任性，没有常性。当代诗人极少有这么惊人的朴素，这么专注、沉静、坚定、踏实。这种朴素似乎每个人都能做到，实际上却极少人能实现，因此志军的诗是一种垂范。

王强的诗有着强烈的现实性与时代感。他写了众多的人。这些老的少的，男的女的，穷苦的病痛的，在各种现实的困境中挣扎的芸芸众生。这些人像在明暗交叠的光影中，面目不清；有的行为怪异，只有生存本能，有的也努力构建自己（《成功学》）。这些盲目的或用力过猛或轻佻的人，他们残忍的真实，让人无法认同，只能在旁观中感觉困惑与惊愕。王强的诗敏感于当代人的生存与心理境况，有一种直视赤裸残忍的现实的意志，以及将其纳入诗歌的创新雄心。

与此相应，王强的诗技艺新奇，写法多变。他的诗有一种一望而知的开阔与自由，含混与幽暗。他的语言（镜头）并不停留、并不清晰聚焦，在运动中不断跳闪，视角灵活多变，也纳入诸多的杂乱与干扰，从而构成开阔丰富的效果。其语言方式和结构的形式也时代感特强，它们就是光怪陆离、闪烁不定的现实图景：这么多的人与事，那么多奇异的即时热点，强烈而含糊地闪过，来不及理解，刺激我们的感官，困惑我们的认识，一如我们每天直面原生混乱的现实。

王强诗的创新之处还在于对确定的抒情主体及其价值态度的淡化。他的诗中几乎没有诗人，只是一种可怕的戏剧力量在淡漠地运行。其中有多变的人称，众多的角色，各种场景与状态。有各种外部描写、内心感叹和旁观议论融汇一起，各种抽离旁观和自我扮演，入戏又出戏，疏离又愤怒。但没有一个确定意义的中心主体。繁复漂亮的语言镜头之下，通常是荒凉、空无，是悲惨的无意义。这是艾略特以来的时代精神之继续，王强赋予其本土的生机。

巨文的诗中隐含着一种动荡的痛苦，因含情太深或用情太苦而透出的沉痛。与此同时，他的诗因其风格的朴实、节制、坚定、视野开阔而充满力量。他那些关于家乡农村人事的诗带着浓厚的尘土气，那些关于在城市谋生的青年的日常生活和个人情感的诗有着无尽的沉陷和挣扎，但也有一种力量从尘土中、从绝望中升起，有一缕阳光恩典般从上空照射进来；再加上他的诗歌在细节上客观准确，结构上严谨坚实，语言上节奏刚劲有力，音调稳重宽广，这一切赋予了他的诗一种当代诗歌罕见的古典悲剧般的庄重与崇高。

与此同时，熟悉巨文的人也能从他那经常爆发的语言的即兴才能中听出他天性中粗野的喜剧性欢乐。他的才华中最让人惊叹是，他的语言有一种爆发力，很有冲击性，节制又利落。这赋予了他很多短诗一种特别的魅力。这在很早时的《啄木鸟来访》《自然法则（二）》，还有新近的《Human Resources》，都有体现，尤其是最后这首，冷静的语言之下有如爆炸的事实力量，那种平静的断言力量，让人惊心动魄。

国辰的诗有一种巨大的伤感。它轻盈地弥散在他的诗句中，这是古典诗词中弥漫的人生惆怅的当代版。这是个人心灵在打量着世界，却总看到映现其上的自我存在，那柔软，孤单、幽深，优美、忧伤的心灵。现代人已经很难写好这种伤感，那种哀而不伤的古典优雅，它干净又饱满，在尘世之中又有出世的浩渺。它需要有一种深觉痛苦之命运又能完全无视，以及超然远举的风度。它最需要的是一种特别的语言，古典又现代，准确又出人意料，能完全牵引出内在心意。国辰非常罕见地拥有这样的一种语言。

国辰的语言非常美妙，能承载着他曲折幽深的情感重量而轻盈滑行、飘飞。我给很多届学生读过国辰的《保定》，这是一种可以清晰地感觉却又无法把握的优美和伤感。这种美妙贯穿他的全部诗歌，包括他沉思深刻的《根器》和规模宏大的《四季歌》，也都如此。这是诗歌的最高境界之一种，也是动荡时代的敏感心灵之一种。

以上是我对五位诗人独特性的简单理解。贝多芬在《D大调庄严弥撒曲》手稿中题词：“出自心灵，但愿它能抵达心灵。”我相信随着这些诗集的出版，这些诗将抵达那些我不知在何处的热情心灵。

最后也是最重要的，我要特别感谢河北大学文学院和广西人民出版社，它们的慧眼支持促成了这些诗集的出版。

2024年3月

目录

第一辑 1

第二辑 / 47

第一辑

北　方

滹沱河在北方蜿蜒，
穿过大片村庄密布的平原。
太阳升起落下
人民在这里生活——
他们结婚，生子
盖起簇新的砖瓦房；
开着拖拉机在田地中轰鸣，
建起污染严重的玛钢厂，
应付各种骚扰，还有
气候变化带来的苦恼。
他们超越傲慢之美
和孤僻之痛，默默忍受，
爱着这里，从不打算离开。

2007/12/11

蒲公英

多年生草本。根垂直。

叶莲座状平展，矩圆状倒披针形或倒披针形，

长5至15厘米，宽1至5.5厘米，

羽状深裂，侧裂片4至5对

……

……

……

广布于东北、华北、华东、华中、西北、西南；

朝鲜、苏联也有。生田野、路旁。

全草药用，有解毒清热等效。

今天，在保定省监狱旁一间狭小的屋子里

在窗外彻夜不息的汽车轰鸣声中

在科学出版社1994年版的《中国高等植物图鉴》中

我读到了以上介绍，并感到困惑。

这种植物曾遍布我的家乡，河北平原。

我曾提着篮子在田地中四处挑拣，充作小菜，

也嚼碎过它，敷上割破的手指止血。

它有另外一个名字，在我的方言中，

但我忘记了，让人心惊的是

——我忘记的太多。

2008/4/27

拖拉机喷吐着黑烟……

拖拉机喷吐着黑烟
哒哒响，缓慢前行。
大块大块新鲜的泥土
被犁翻开，滚落。
我蹲在耙上，奋力摇摆。
耙齿击碎泥土。
完活后，大人们
坐在地边休息，抽烟。
我坐在地头喝水
呼吸平整湿润的田地
甜腻腻的气息。

2008/12/2

雨　夜

1

像黑暗河流中的一艘船
你起伏着，走在乡间泥泞的小路上。
偶尔停下，喘一口粗气
把我向上托，让你的手臂
抱紧我，也让我抱紧你。
但航向是坚定的——你说，
一会儿就到家了。
而我，像一片树叶，
伏在你的肩膀上，
披一块塑料布，昏昏欲睡
无理由地相信。

2

沉重的雨还在下。

落在我的背上，

落在你的头上，

落在路两侧茂密的玉米地里。

我在密集的噼啪雨声中

陷入更深的睡眠。

但我感到雨水

正从你的发间流下

和着汗水，流过我紧抱你的胳膊

向着大地，温热地滴落。

3

昏黄的电灯
一下子照亮屋子。
一瞬间，我醒来，
看到铺竹凉席的炕，两把蒲扇
还有闪着橘色光的大立柜，
你站着，用毛巾擦汗，和我娘说话。
我不知道你们说的什么，
爬上炕，又沉沉睡去，
直到第二天被叫醒。
你说昨晚那么大的雷都没吓醒你
睡得真死。我为何没想起雷声？

4

这是二十多年以前。今夜，
雷声滚滚而来，惊醒了我。
我坐起，站在窗前，远眺
这雨中北方的小城——
它蹲伏着，在这幽暗之夜，
时间的洞穴中，在道路与道路
织就的网上，微微颤动。
而你，就在我身后，病床上，
发出轻微的鼾声。

5

你，今年六十三岁，

头发灰白，皱纹满面，体力已大不如前：

昨天，我扶你上洗手间，想不到

你会紧靠我的肩膀，身体轻飘如一张白纸。

哦，这梦一般的变换，在夜与夜连绵的雨中，

正一次次被闪电照亮！

哦，我感到了什么？惶恐，悲伤，还是内疚——

这内心的火焰啊，你该怎样燃烧？

2011/9/6

傻三儿

傻三儿姓吕，大号叫什么，我不记得了。
我记得他总戴着黑帽子，穿一件破棉袄，
趿拉一双破鞋，一年到头，去县城要饭。
他爹不管他，嫌丢人，经常揍他，一打，
他就跑到派出所报警。之后，电驴子就
突突突来了，给调解一下，也没多大用，
来了几次，就不来了。
那时候，我挺失落，因为看不着电驴子。
他也能要点钱，要了就藏在他住的破屋，
没想到被几个坏小子盯上，晚上被摸了。
他又报警，还是没找着。他就更傻了。
还有什么，我记得？嗯，有一回，我骑
自行车从县城回家，他正在公路上晃荡，
看见我，一下子跳上车，说驮他回村儿。
我没把住车，歪扭了几下，摔了，哭着
骂他，要他赔车。他笑嘻嘻走了。
多少年前，我高中，听我爸说，傻三儿
死了，被车轧死的，又听别人说，是叫

一辆拖拉机撞了，伤了腿，开拖拉机的

说拉他去医院，大概是傍晚，还跟熟人

打招呼。第二天，有人看见他在公路上，

轧平了。谁知道是他？警察也整不明白，

后来在肉里找着张身份证，才知道是他。

大家猜，开拖拉机的不是东西，趁天黑

没人，把他推下去的。

他爹去收尸，实在捡不起，就用铁锨铲，

装化肥袋子，找副水泥棺材埋了。埋哪，

大家都忘了，因为乡下的习惯，不结婚，

不能入祖坟。

2012/2/1

我不知道如何向你告别……

我不知道如何向你告别。此刻，
汽车冒着大雨，碾过夜色中轰响的106国道，
但，滴——答——滴——答——
我的耳朵里，一个松动的水龙头，在滴水。
时间也从你的身体滴落，
以不可反驳的，精确的节奏。

我不知道如何向你告别。你爱，
也渴望被爱。你的父母，入土为安，
六个子女，好或不好，都成家立户。
你，如今是深深的洞穴。
你想听到石子撞击岩壁的声音，
在每一个时刻。

我不知道如何向你道别。“一辈子，
真苦啊！”“没良心！”你说。
你塌陷的心脏奋力向大脑
吐出最后一股血。

但爱与恨画不上等号。

我们就要分别。

我不知道如何向你道别。那么多人

在虚空中飞行，碰撞，

擦出细小的火花，无声地聚散——

而你，孤独原子的鱼群，

将要去到何方？

2012/8/26

尚　庄

现在，远处大山是威严的阴影：
在无星光浓密的黑夜，它缓慢起伏
带有不可遏止的强度。
现在，小村子睡了：
隐没在大片茂密的玉米田，
和零落杨树之后，安静地蜷伏。
现在，看不见的溪水在流动：
雨季让它的湿气更加沁人，
歌唱更加嘹亮。
现在，我一个人
坐在拒马河支流边一块椭圆的岩石上，
仿佛一片树叶凝固在巨大的虚空中。

我几乎忘记所有伤痛，
直到被一辆沿公路隆隆驶来的汽车惊醒。
此时，你躺在黑暗的屋子中
不能走出，而我不能进入。
哦，那些难言的苦痛

正从天而降，在你我之间
撒下辛酸的种子，让我们
无暇顾及这盛大的邀请。

但我愿你来到此刻！
在这群山的怀抱，氤氲的气流之中，
和着这高昂的溪水声，一起震颤。
哪怕我们明天必须回去，
回到城市的最深处。

2011/7/18

乡村路

我还记得那条路，那条一直向北，走到另一个村庄的路。

我记得路两侧狭长的树林，那些柳树、杨树、榆树和槐树……

路边红荆墩固执伸展的枝条，沟渠里深深的长草。

我记得春天，我爬上树，折下杨树的枝条——

它啪的一声折断，真清脆！扭动枝条，抽出白嫩的杆儿，

削去一段淡绿色的树皮，吹出低沉的呜呜声。

我记得夏天，巴掌大的杨叶和细碎的柳叶招摇。我站在树影下，

高举一根长长的竹竿，用塑料袋儿套正吱啊吱啊叫的知了。

那些知了的叫声如潮水。我屏住呼吸，站着，像村边的自来水塔。

我记得秋天，那些树叶落啊！落满了小路——

我用筢子搂起一个个小堆，没注意秋天高远的天空。

我记得冬天，某个清晨，大雪积满了路面，树挂垂出千万根枝条，

我奔跑啊，在长长的冰雪之门中奔跑，飘落的雪霰打湿了我的头发。

我记得田地在树后铺展，麦子、玉米、大豆……在长方形的

田地里

隆起又塌下。那实在之美啊，我有多年置之不理。

我记得那片榆树林，一个死去多年的人被挖出，挪到

我不知道的地方，

只留下深深的土坑。夜晚我只能唱着歌从那里经过。

我还记得，几十个清晨，一颗彗星，

按照收音机预报，在东方变幻的天际，向南斜伸它的

彗尾。

我在叮当的车铃声中思忖，它何时再次归来。

2013/2/20

落　日

1

从井一样的灯光中起身，我想起
八月那空阔的黄昏，太阳像发光的铝盆
照亮北方的田地。

凉意从脚底升起。我提着蛇皮袋，
沿地界走进深草，俯身
拨开锋利的棒子叶和沙子一样粗糙的豆叶

摘豆角。阳光在我头顶破碎。
你在地的另一侧。我听到叶子和叶子
碰撞的哗哗声——

沉重的棒子正被推开，
摆回，打在你弯下的身上，

合拢你走过的日子。

2

温热的阳光流过我们。
你坐在地头儿，捻动一片车前子叶，
让光在你的指间跳动。

远远的村庄升起乳白的炊烟，
你凝望，让你的身影伸向我的双脚。
这是我渴望的诗境：生活

沉静地返回，一切恰如其分。
但我感到痛苦，为你被击出的沉默。
多少次，我坐在湖边，

看着火热的太阳犁向远方，
明亮的燕山隐入暮色，
内心就沸腾如水。

3

是的，我无法走出悲伤，
那比落日更长久，山一样的悲伤。
但我学着爱上这样的时刻：

痛苦被深深吸入，赞美
被平稳呼出，一切被静谧的
落日轻轻怀抱。

于是，我按灭灯，
在黑暗中凝视你，那稳坐
不断拉长的身影，

在平滑的天际线下，
层层山坡优美的曲线上，
光亮地飞行。

2013/9/13

一首不想命名的诗

这是你的世界。你为自己的病找病根。
你走在亭子河边，一次一次踩破
远处村子的冬天，看着月亮又落下一场雪，
那雪啊，在你脚下陷落。

这是我的世界，不是你的，除了
你要找的病根。我想让它漂亮一些，
逃避真或为了更真，
可美又算什么？

这才是你的世界，不是我的。星星
跟着你，只是你，不是别人。你说，
你在那里吃了药，谁都不认识的女人
给的药，那药毁了你。

这才是你的世界。你爱上电视里的姑娘，
有钱，还要找你结婚，
她们什么时候都不来，你说，

全都是胡扯。

这不是你的世界。我没学就知道
撒谎骗人，你结了婚，生了孩子，
做生意，照顾老人，总能
神气地出门。

这是我的世界。我写过一首诗，
给你，七行不着边际的比喻——
“你收拢，像衰颓的贝！”
全是我的软弱。

这是我们的世界。我也在
为自己的病找病根。我走在
这个冬天最后一场雪上，我知道
我就是你，你就是我。

2014/2/9

摇篮曲（一）

——纪念一位天使

摇荡啊！黑暗的河流。

我从最深的梦中起身
再一次看到你
蜷缩在乳白色的臂弯
和我抵达那仿佛命定的时刻：
三月，或者四月。

摇荡啊！永恒的夜与昼。

你温柔地沉睡
在闪烁星光的河面
飘向我未曾去过的地方
那里夜连接着夜
冰连接着冰。

摇荡啊！闪烁着黑暗的河流。

我请求大能的神

让你长久地安睡

直到世界的

火焰熄灭

我再一次抱住你。

摇荡啊！黑暗的河流。

摇荡啊！闪烁的沉睡的你。

2010/2/1

摇篮曲（二）

我写过一首诗，为你，
就是这个题目，摇篮曲。
在那首诗中，我想象，你流下黑暗的河流，
我想抱住你。
那首诗不好，被我的朋友修改，
它早已不属于我，
也不属于你。

今夜，我要再次想象，
想象你是如何去了那里：
你被从天而降的微风吹拂着，
在星光下，
在河水的摇荡中流出我的视线，
流到那里，
我还要很久才会到达的地方。

那里是好还是坏？
我希望是好的。那里，

河水缓缓流入清澈的湖，

湖水轻轻拍打着湖岸。

那里，一条小路牵引你

走进一大片盛开的葵花。

你仰望着明亮的日光，

但你会不会厌倦?

会不会想起

你不可能有的记忆?

那是你的世界?

这是我的诗?

这并不重要——

它终究不是你的。

2014/2/26

杨四队

生儿子，砸金花，打老婆，三件事儿，
他最喜欢。先说生儿子，计划生育前
他就生了两个闺女，老娘不干，
要传宗接代，自己也觉得没个儿子不行，
村里抬不起头。九十年代计划生育，他和老婆
跑外地，又生了一个，可还是闺女。
回来被乡政府抓，打，罚。后来又跑，
家里来了个一扫光，牵牛，搬电视，
房子也被推了。一家老小抱着被子哭啊。
他还爱砸金花，脑子又不清楚，除了输
还是输。赌钱的人特爱招他，一晚上
让他赢五千，细水长流地再搭进去一万，
都是修理地球、干苦力挣来的钱啊。
他老娘不敢闹，他老婆闹啊，
哭，上吊，喝农药，好在没过去，
他也就消停几个月，再接着砸。
老婆再闹，再闹就打，反正也生不出个儿子，
打，从改革开放前打到改革开放后，

打得村支部书记说“妇女能顶半边天”，
骂“你就是个王八蛋”。赌输了他就更打了，
也没见打出什么手气，倒是有一次
把手打骨折了。打到二十一世纪
他突然不打了，开始喝酒，他老婆
敞开口让他喝，说醉死他个狗娘养的，
就跟闺女过。可喝进医院，又哭天喊地地
借钱抢救，他闺女不乐意了，说
他娘是吃饱了撑的。再后来，我听说
他不喝了，也不砸金花了，大闺女和二闺女
嫁到邻村，三闺女嫁到本村，都老老实实过日子，
没一个像他。前两年，我见他了，
在赵松家小卖部，正抱着三闺女家儿子
打麻将呢，五毛一块的，乐呵着呢，
问我，听说你在深圳干装修，发了？
我说哪有，都是过日子，能图个啥？

2015/5/3

老　开

老开，黄老开，你还记得他吧？
咱们高中同学。上学那会儿，他们家真不错，
开着个家具厂，有钱，请客儿，砸金花，
跟长江和蛋哥他们，可他妈让他们
给蒙了，打架也猛，还替我揍过那叫
谁来着？忘了。我不敢打，他就说我怂。
唉，老开就是傻，缺心眼儿。
你上大学那会儿，他去天津了，
学什么工商管理，后来回家跟他爹
干家具厂，我听说，一年三十多万，
结婚了，媳妇妇幼的，生了个儿子，
让我起个名儿，我说就叫“黄书”吧。
他说我净扯淡。我还真下功夫了，
查了好几本词典，黄历什么的，
起了好几个，可费了劲了，他说
不好，不响。我说你儿子，干吗让我起名？
他说他想好了，就叫“大炮”，“黄大炮”，
多响。后来，我听老王说他离婚了，

老王说老开这人不正闹，天津上学的时候，
就天天去网吧玩游戏，学校好几个月
见不着人，还招呼同学赌，给开除了。
回家干家具厂就是因为这个！干你就好好干呗，
净想歪的，还赌，你想他那个脑袋
能赌钱啊？输，输急了就借高利贷，
我听说有五百多万了，还不上人家要剁手。
他也借不着钱，就信用卡套现，
还不上银行也不干啊，差点让经警抓了，
还是老王给活动的，没进去。
他找我，我哪儿敢借给他啊。
“他也找我了，没说欠高利贷的事儿，
说最近手头儿紧，周转不好，问我有没有。
我说我卡上就三千多，他没借，
还跟我开玩笑，说你这学上的，都博士了，
还这么个鸟样儿。”
去年他复婚了，你不知道吧？
这样的媳妇哪儿找去，
还跟着他，不是为了他们家“大炮”，
早完了，也不知道他媳妇怎么想的。
最近他迷上买彩票了，我听建国说的，

他们住得近啊，天天买，双色球，大乐透，

天天开奖。前几天给我打电话，问我干啥呢?

我说还能干啥，给孩子喂奶呢。

他说你堂堂师专中文系毕业，也不看点

文学，写点小说。他正看什么

“美女总裁被下药，求我帮忙”，还有什么

“穿越大唐，给李世民当上门女婿”呢!

这都啥啊！我听他媳妇旁边儿骂他，

“穿，穿，穿，穿你奶奶个卷儿啊!”

2015/5/8

王　运

没人比王运更倒霉了，我跟你说。
早先，他不是拉砖吗，从村儿里
砖厂给人家送，一车几百块，
能挣个几十。我问过他，
都不够抽烟，媳妇儿又生了一个，
表妹超生的闺女，他也养着，压力大。
后来他又养鸡，在村北边儿，
盖了养鸡场和几间小屋儿，
老婆孩子爹娘全在那边忙活。
挣着钱了，那几年，卖鸡蛋，
卖肉鸡，人精气神儿也不一样。
再后来，他看着建材不错，
好些人都发财了，连赵蛋都行。
他就跟个亲戚弄了一个螺丝厂，
就在养鸡场那儿，给别的厂子
送螺丝，真好了两年，
可金融危机一来，就半死不活了，
外边的账不好要，他也没办法，

亲戚也弄掰了。
顶账顶来一辆桑塔纳，一辆捷达，
换着开，也挺带劲儿，就是费油。
前年他出了个大事儿，开车
把一小孩儿撞了，就咱村儿
老李家那孙女儿，吓傻了，
跑去叫人，给定了个什么出事逃逸，
咱也不知道，拘了十多天，
赔了十五万，才捞出来。
出来的时候，一块儿喝了个酒，
洗了个澡，用盐搓，得去去晦气。
他媳妇儿这个哭吧，说没法儿过了。
唉，也是，人起起落落，
活着活着也就明白了。可得奔啊，
他又想着养点鸡，不敢干了，
现在养鸡场太多了，不比鸡少。
前几天他给我打电话，琢磨着
养牛呢，不知道谁，说是他一个朋友，
肉联厂的给介绍的，交两万押金，
替人家养，每年固定收，不用考虑卖。
他有点怕了，要是不给钱怎么办，

就怕肉联厂吹牛，糊弄人。

他说，咱不一样，活着是为了养牛，

不是吹牛。我觉着还行吧。

2015/5/11

寂　静

1

每年春节，我们都会来这里，刘家的老坟，
上供，拜年。我们烧纸，把一团团火送到
每一个坟头，他们就有了一年的花费。
之后老老少少排成一队，磕头，
像根粗绳，在地上扭了一下。
最后是放炮，二踢脚，震天雷，挂鞭，
接连炸响。孩子们穿梭在刺鼻的硝烟中，
升起兴奋的尖叫，而老人们指指点点，
议论着这些年渐渐多起的人丁。

2

亭河不知年月，流啊流啊，一到冬天
就结了冰。我们每个人，都像一根鼓槌，
沿着河岸，走到刘家另一处的坟地。
我们在清冷的天空下穿行，鞭炮声
一波一波震动着打霜的田地。我们聊
谁去年挣了钱，谁赌钱输了，谁的老婆
跑了，孩子太小只好奶奶带，或者
小声说几句二爷爷和三爷爷的争吵。
走着走着，我们就变成一个个绳结。

3

寂静等待着我们敲响。我们
再一次把一团团火送上坟头。
这是爷爷奶奶的，老爷爷老奶奶的，
多烧一些，挨着的是大爷爷那支的
也要烧一些。老人们开始争论
以后怎么埋，深浅和朝向，风水之树
在我们头顶摇摆。我们又一次
跪下，放炮，寂静在嘈杂中
从大地深处呼出自己。

4

我们悬浮于寂静之中？是的，
有人手牵着手，有人扯着别人的脚，
有人干脆卡住了别人的脖子，
三三两两的身影在光的河底摇晃。
而我，一样？只感到有什么
漫不经心就完成了。回家的路上
鞭炮并没有停歇，一样的声响和气息
从更远处涌来。我们还是聊着家常，
一步一步走着，敲打着。

2015/5/20

心诚则灵

好多年前了，那时候我年轻，
在书店卖书。有一天，
来了个算卦的，带着徒弟，
要买一本什么《三命通会》。
我不知道啊，我就问他，
你这卦灵不灵啊？
他给了我一张名片，
上面印着好多头衔，
什么易学学会理事，
风水学大师，堪舆学会会长，
反正好多，两面儿都印满了。
他看我不信，
说要给我算一卦。
我说，你不用给我算，
我就挑一本书，
放屁股底下，
你算它什么颜色，
行不行？

他说行，就念念有词，连掐再算，

算出个黄色。

我说不对，你这个不灵啊。

他说，这不能怪我，

心诚则灵，

你让我算之前就不信，

那怎么灵？

我说我要信了，

还能试你？

说不通。

他不服气，还要给我算一卦，

问了我的生辰。

他说，你这个八字

跳出三界外

不在五行中，

看不清，

一般人看不清。

将来你要吃点苦头，

但有贵人相助，

总能化险为夷。

我想他又顺嘴乱扯，赶紧送客。

后来想起他说的话，

我果然吃了些苦头，

在时间的急流和命运的迷雾中，

有些东西慢慢明晰，

有些东西日渐模糊，

而他的话，好像古怪地应验了。

2015/12/26

谢师傅

“就没在点儿上过！”刚过万寿寺，
不到五分钟，他就把自己的一生
全部倾泻给了我。“最早儿开富康，
那会儿有夏利，一块二，富康一块六，
贵点儿，不好拉。后来吧，
索纳塔出来了，夏利换了，
都两块了，索纳塔多新，多好看，
谁不愿坐？”他用后视镜盯着我。
“嗯，嗯”，我小声附和。
“师傅，滴滴出来，还好干吗？”
“呸”，打开车窗，他狠狠吐了一口。
“滴滴就是我们帮着给干出来的，
刚开始谁用，2012年的时候，
还不是我们，那时候挺方便，
挣得多了，可是后来
专车、快车、顺风车，什么的
一出来就完了，都是黑车。”
“前几天，我听说有人去滴滴闹了。”

“能不闹吗？出租车公司没事儿，
人家份儿钱照收，人家钱多啊，
滴滴也没事儿，人家钱也多啊，
就我们，夹到中间，一天四五百份儿钱，
我们怎么办？就该闹！乘客人家
也不管啊，滴滴坐车多便宜啊，
有券儿，跟不花钱似的，凭什么不坐啊！”
“师父您怎么不开快车啊?”
他沉默了一会儿，“前一段，
我把车换了，就这辆北汽，
还是找的中介，送了两万才开上，
这帮孙子，想着办法抠钱。
签了四年合同，合同什么样儿
我都没见着。人家就说都一样，
签吧，我就签了。现在，
除了交强险，其他什么的，
都是自己交，公司想得好着呢！
出什么事儿都是我们自己个。
每月份儿钱，一分都不能少。”
我后悔问他为什么不开快车，
忍住了给滴滴准备的辩解，

想起小时候开运动会，

从主席台前走过的一个个队列。

“走错了，就跳步儿，换下脚，就齐了。”

还有最让人讨厌的长跑课。

“摆臂、脚步、呼吸，要有节奏，

过了疲劳点就没事儿了。”

可他的车换不了步，还要这样

一直跑下去。车到钓鱼台，公司楼下，

下车，我多要了几张发票。“师傅，您慢点儿。”

2016/1/5

第二辑

献给雷老师和所有兄弟姐妹的即兴诗

幸福是什么？我不知道。

也不知道如何为它精确定义。

但我可以说出一些幸福的时刻：

当一个我撞击着墙壁，另一个我猛地松开攥紧的心脏时。

当我们躺在山顶，一觉醒来，看到落日照亮远处的山脊，被安宁灌满时。

当我们彻夜不息长谈，谈到如何在这个疯狂的世界活下去，谈到美如何击倒我们时。

2011/5/10

秘　密

我走进幽暗的小巷，直到看不到影子。
黑色树枝像天空的裂痕，幽峭、孤僻；

黑暗的河水冲刷着墙壁，在小巷拐角
涌起金色的浪花：啊，路灯如此曲折，
引来新鲜的大雪，在黑夜摇撼黑夜。

我惊异于目光的晦涩，刺骨寒冷的清晰
和那些可疑的屋子——温暖、不洁的空气，
杂乱的桌子和床，猛烈冲击我们的身体。

我竟然开始安于这样的命运：
在一个漫长而残酷的冬天饱尝痛苦和孤独的喜悦。

啊，我甚至知道，无论我在何处沉睡，
都会从何处醒来，再次陷入白天与黑夜的晕眩之中。

2003/11/25

啄木鸟来访

她没有注意到我
耐心在窗外树上找虫子。
细小的脖子机警地抖动，尾巴
撑住树干，搜索。
我小心揣度：她有了小鸟，或许没有。

太阳在树叶上闪光，细碎的影子
落上书桌，风吹动打开的窗子，砰砰响。
但她没有注意到我。

我大声咳嗽。
她吓了一跳，迅速鼓动翅膀，飞走
消失在窗外。我笑了笑
埋头继续准备下午的工作。
稍后，我竟感到羞愧，并被某物深深刺痛了。

2004/5/5

我在阴暗的房间……

我在阴暗的房间睡了多年，
现在，窗外刺痛了我。
哦，走进沉郁的森林，
现在，我感到舒适，
和你们在一起——
刺目的阳光，撼动
大片树梢的风，
在这之上，绵延数千里
扇动想象之翼。
哦，在天空划出的阔大的
圆弧之下，世界奔腾而出
冲刷了我的身体。

2007/12/29

在九号楼阳台上

我从熹微的清晨一直坐到天亮。
看到几只鸟在树叶落尽的白杨上，飞走飞回；
看到暗红色楼群在树后涌现，远处淡蓝色群山在雾霭中浮动；
看到云疾驰着，在不可抵达的幽蓝的天空深处。

这是一夜大风之后的新世界！
而凛冽的秋寒啊！
击碎那么多身影，
让人忍不住回望。

2011/1/15

我一次次梦到你……

我一次次梦到你，一次一次的。
每一次都那么钻心。

你在野兽般的世界中奔跑，
你在噩梦之后哭喊，
你在陌生的街道上孤身游荡。

我们在竹林中低语，
我们在山脊眺望远方的电塔，
我们在沉睡中紧紧拥抱。

哦！那时的苦涩我想起来甜蜜。
那时的甜蜜我想起来苦涩。

2011/1/17

九月三十日，在滨河森林公园湖边草地上

头脑麻木，狂乱。目光如铅。
言语亦如此，在空洞中起落
除了黑暗不抵达任何地点。
这就是我的活着，或者死去？

不。我仰卧，拥抱你慷慨的赠予：
强力、温热、清澈的阳光；
深远无云的天空；飘忽的鸟鸣；
还有，从湖面吹来微凉的风。

当我侧身，柔软的结缕草
就会紧贴面颊；银杏树招摇金黄的扇叶；
黄蜂嘤嘤飞过；而燕山
在远处绵延柳冠之上隆起。

我闭上眼睛，更多的你
来临了。这明净秋日草木的气息，虫鸣，
超然于一切纷争、苦痛，

缓缓流入身体，带来沉着的力量。

哦，万物流变的秩序啊！
请你驻足，我将屏息
一次次返回你，捕捉这美的瞬间。
我将在黑暗中，再次站起——

2011/10/8

七月十二日傍晚，在白浮泉公园湖边

坐着。看到，落日点燃了群山，
橘红色巨舌般的长云从东向西
铺展，而数只黑翅长脚鹬闪着光
落下，在湖边浅滩上悠然散步。

这湖也看到了。在它颤动的
半明半暗的眼波中，是大山，
是云，是幽深的天空，和无声滑过的
银色飞机——是一切的汇聚和消散。

2011/10/17

湖

水，一直未涨。荒草沿堤岸
向下，步步壮大，几乎抵达湖心，
环绕那一汪浅水的，
嚣张至俯身窥视自我。

也许这茂密的荒草
就是湖的自我，
一个隐秘的信号：它渴望一场猛烈的暴雨
被急速地注满。

2011/10/20

十一月十六日夜，在滨河森林公园……

我一无所思，沿湖边的柏油路，向公园深处走去，
直到汽车声渐弱，脚下发出落叶的沙沙声，才站住。
多么深的夜啊。世界以另一种方式袒露自己：
钢蓝色的天空，下弦月低悬，稀疏的星星抖动，
一大朵明亮的白云停在我的头顶；
槐树、松树、柏树、柳树、杨树……我分辨不出，
但它们的暗影无声站立着；
更远处金黄色路灯串起明亮的光链，那是南环路；
而北方的燕山的山影起伏着，向东，消逝了。
我走到湖边，坐下。无风，但湖水倒映的灯光
在晃动，那里一定有空气在流动。
哦，我听到夜的每一个分子都在低唱，
那难以摆脱的痛苦也在低唱，在骨头中
彼此对唱。这新鲜的觉醒，真是深邃的迷！
为何我在此时来到此地？为何我感到安宁却不渴望？

2012/1/7

我听到了吗……

我听到了吗？白杨树在夜风中
高高摆动；雪来了，扫过干枯的树枝，
落满无人的小径。

而梦中，雨水擦亮寂静的天空，
流入深深的谷底；鸟儿
无所畏惧地叫。

我们朝着死亡挺进。

2012/2/17

末班地铁

——给国晨

十一点钟，准时停上高悬的铁轨。

在柔亮的穹顶灯下闪光，好像
被祝福之物，向着空旷的站台敞开。

2012/11/17

天狼星升起了……

天狼星升起了，从八月到五月，一如既往，从东南向西南
　飞行。
我们骑着自行车，沿合作路向东，走过废弃的衡器厂、质量
　监督局，
走过日渐成型的军校广场，不知名的小庙，靶场和废品回
　收站，
终于站到一片空旷的田地，为深邃的天空所吸引。

“月亮真大！”这到底是谁说的？那天的月亮确实大，
低悬于东南杨庄上空。“那是因为大气折射，如果它升高，
就不会这么大了。”我们继续闲聊，看着月亮在天顶
震颤，缩小，射下霜一样的光，照耀着我们。

云停在东北方，明亮地低伏。真奇异，我们猜想是城市的
　灯光
照亮了它们。但城市在我们身后。更远处，四五点金黄色
　车灯，
缓慢地向东移动。我想，此刻，如果离得更近，它们就会像

巨大的手电
呼啸而过，从七一路开往云的下方，京珠高速。

我们在玻璃一样的夜中几乎睡着。城市的腹腔
仍在蠕动，发出低沉的嗡嗡声。它的触角正向东，向
南，向西，向北，
在大地之上，伸展，相拥，交换着悲喜剧的消息。
多年之后，我们还会站在路上，彼此挥手瞭望。

2013/2/21

给C

那时，我躺上十三陵水库轻摇的水面，
抚弄湖水细密的褶皱。
那时，你点亮高空的深蓝，云朵一样，
叫醒山间深凹的凉意。

今夜，我踩着石头的步伐踏响空空的楼梯。
今夜，我渴望，渴望那来去的地铁
抛去你一切人生之痛。
哦，沉重的身体啊，要歌唱，唱出山间的雷鸣。

2013/3/14

在北京外国语大学体育场……

在北京外国语大学体育场，
我想睡着。
躺在球门后，身体
贴住光的湖底——
多么清晰的天空，
不像上一个冬天。

高高的白杨树
几乎落尽，
黄绿的树叶随着季节
滚动，包围我。
哦，忍不住的睡意啊！
向着天空坠落。

2013/11/17

一首写给自己的诗

昨夜，你悲痛地大喊，
像惊醒的闪电。
早晨，我问你，
你却一无所知。
你整理了书架，
擦了两遍地，
说要出门，办事情。
我没有再问。
你关上门的那一刻，
我正翻开笔记本。
是的，我们都会平静。
所以我们需要梦，需要诗。

2014/2/8

储物箱

你来，是为了这远去的三年。
我知道。看，我还是打开了
自己，让落满灰尘的箱盖儿
滑出你的手，把堆积的日子
一一历数：你看，这是她的
手套，淡蓝色，还有粉色的
条纹，在第一个冬天紧握过
她的手；这是针盒，十几枚
缝衣针斜躺在沟槽里，向着
出口安静地聚集，闪光。
哦，这是她的随身听，超薄，
索尼的，耳机线就藏在它的
下面；这是她的手表，表带
不见了，只有维多利亚女王
在侧耳倾听早已停住的表针；
那是你的CD盒，竟然还在，
几十张盗版光碟；这是她的
零钱包吗？你看，不锈钢扣

还有藤蔓生长，在浅卡其色
布面上伸展，伸展。
你还在看？你转过身，低头，
是忍不住时光流走后的空旷，
还是我的絮叨让你睹物伤情？
这里，还有，你看，这是她
没用完的化妆品，这是发卡，
笔记本，几支圆珠笔，一个
半开的笔袋……你要我停下，
好吧，我没办法，只是有些
话，说起来太俗套，要不然，
你说，我听？

2014/3/2

一 天

——给志军

无所事事的上午和下午后，
晚上终于觉得日子过得太蠢——
计划都被推到了明天。
这也不错，毕竟不是更坏的一天。
但某种痛苦在身体里生长，
在头顶乌云一样堆积。
这让我心中一惊，想起十几岁时，
我躺在水楼子边的草丛里，
几乎睡着——那柔软的温热，
清晰的天空，那一缕缕阳光……
但我决定不追究缘由，
而是让这一天和那一天
在我的喉咙里紧紧相拥。

2014/2/11

在阳台上

第一场雪（最后一场）
终于落下，在第四个春天的清晨。
好久，我只看着雪，
就像许多年前，你站在那片竹林旁，
在躲闪的喧闹中，
突然停住，一言不发。

早已有人走过楼下，
雪路上一串模糊的脚印。
已下了整夜?
不会，昨晚并没有雪，
我在体育场走到深夜。

现在，那里没有人，
只有一片空空的雪地
迎来更多的雪。
我只是站在阳台上。

可我多想走进去，

在第四个春天的清晨。

2014/2/10

净莲斋素食馆

要多小心，才不会错过。
在你的提醒下，我才发现
一片大小招牌中的小招牌。
要多安静，这名字，
才引着我们拐了两次，上楼落座。
我拿着你的菜单，你拿着我的菜单，
互换了一会儿客气。
我真心大方，当然有点虚荣，
执意要在最后一个菜上再加一个，
终于造成了身心过饱。
这真心和桌子上的禅意不合，
和服务员的慈悲不合。
可怎么填不满呢？我不知道你
是不是也是这样。
因为我说了太多的开心话？
因为我说了太少的关心话？

你大概也是如此吧，

话连接着话，像年龄里的尴尬。

2014/6/6

自然法则（一）

在我的阳台和远山断续的隆起间
几棵高大的白杨树
站立着，高举三个黑色的喜鹊窝。
整个冬天，除了凛冽的北风，沉重的雪
大群吵闹的麻雀，无物来拜访。
直到四月某个清晨，
在淡绿色嫩叶酝酿的雾气中
我发现几只喜鹊在飞动，
震颤凌乱的树枝。
几天后，一个喜鹊窝消失了。
我感到不解，直到发现
另两个喜鹊窝比以往更大
才知道到底发生了什么：
一个喜鹊窝被遗弃，入侵。
那些喜鹊去了何处？
它们在另一棵我不知道的树上筑起了新巢
还是在世界某个角落
被死亡精准地击落？

我听说喜鹊的寿命短暂，

但我还是愿意相信，此刻

它们正在某处，闪光的枝叶下

秘密孵蛋，等待嘀哩的鸟鸣再次响起。

2011/7/17

自然法则（二）

利比亚，苏尔特，更干爽十月的
街角：阿尔戈斯的水泥墙在见证
革命者猛烈的开火——一个前腿屈膝，
紧抱重机枪；一个蹲着，端起AK-47。
他们都绷紧了屁股。
而裹白头巾的士兵在弹吉他，
小夜曲，还是战歌？你听不到。
但棕红色的弹壳在崩落，乳白的烟尘在升腾，
正午的阳光在闪烁。

另一个正午，同样强烈的阳光，
我，五岁或六岁，蹲在小学操场边，
见证了另一场战争：成群的蚂蚁，
一对一，一对二，二对三……上颚碰撞上颚，
细小的腿蹬开细小的腿。
而蚁流穿梭于被撕裂的身体
传递着战场的消息。它们也在歌唱？

你一样听不到。但我明白，某种黑暗本性确实无法摆脱。

2011/10/18

在黄河边土崖上

——给雷老师和铁军

在我们眼前，是一个巨大对号，
一弯浑黄的河水涌动，静静东流。
在最远的南方，是秦岭微茫的山影，起伏着。
天空净蓝，没有一丝云。
我们从更高的土崖上来到此地，
在一座土崖托出的巨大平台上
停下——几处窑洞，
数条毛边小路，一叠叠更高的土崖，
在我们身后荒废。

一条更宽的土路在下面，被挖沙的拖拉机
轧白，向西蜿蜒走了。
荷花池留下了，但我们看不到荷花，
只有一座小屋在阳光下震颤。
我感到没有风，于是
点了一支烟，想让老师也来一根，

但他拒绝了，吃下最后一个桃子，
向着河水坐在高崖角上，
似乎一无所思。

在我们东侧下方，是一片树林，
浓郁的绿色聚成一堆。
那里也有一条路，沿着河滩，一直向东，
通往几百亩的大片玉米。
那里，如果没有涨水，产量必然惊人。
铁军说，要有路子才能承包。
我们继续聊天，向土崖下扔了一会儿土块，
看谁扔得更远，还听到
不知名的群鸟的鸣叫。

好多个瞬间，我们一定是睡了，
站着，坐着，或走着。
醒来时，看着河水继续流动，流进
我们的渤海，我们的太平洋。
那里张开翅膀庄严的大鸟
在弧形的天空中，俯瞰海流环绕的波光。

那里巨大的风暴轰响，

在掀起高高的波浪，

一波一波地拍打着地球，和我们。

2019/10/27

第三辑

蛇　莓

“不要吃！有毒！蛇最喜欢，
躲在果子下，休息，吐口水。”

但我还是停了下来。那些
赤红的鼓着小眼睛的珍珠

正从细碎的绿叶中探出头。
因为它们，我屏住呼吸。

2018/5/6

在岳阳站

没想到停下，因为洪水，
松一口气。走出冰凉的车厢，
紧绷的身体摇动陌生的温热。
四处张望，没看到什么风景，
只有高高的穹顶
吞吐来去难辨的空茫。

几个小时过去。列车员呼叫
返回北京。坐回原位，
感觉没失去什么，也没得到什么，
只是恍惚间，听到
身后深山幽暗的隧道里
水在汩汩地流……

2017/9/10

出门即景

终于，纠缠整天的雨水
消失了。一抹巨大的彩虹
扫去低沉太久的阴云，
亮出整片纯蓝。

但南山，突然从远方竖起
吞吐天空的氤氲，
变得更加险峻黑暗，
就像那深夜打来电话的人，

她的声音不再温暖、闪亮，
因为不被命运放过。

2017/8/16

在阳台上

早晨，在收拾衣服的间隙，
我向窗外眺望，发现雾气
又模糊了世界。一连几天，看不清远处的
图书馆，群山，甚至楼下的汽车
也蒙上了暗淡的细纱。

搓了搓胳膊，我要返回屋子，
赶紧，十月的湿冷太厉害。
但就在转身时，一大片金黄
从窗下突然涌起——
一株黄槐决明，开了花！

一团团细碎的小花
轻轻摇摆，就像登顶者的欢呼。
哦，我想起神秘莫测的七月
是怎样来到这里。
一路摇摆的思绪，

一拐弯，就被暴烈的阳光
击碎。整个人就被永远挥霍不尽的绿，
和空无一人的雁山，
那热烈的孤寂所灌满，
在比北方更低沉的天空之下。

2017/10/22

海　湾

1

雨来得突然。一转眼，闷热的急雨
就裹住来往的行人。我没带伞，
只好站在打印店门口，看花花绿绿的雨衣
骑着电动摩托缓缓犁开马路汇成的河。
一条一条水的脊骨被分开，一次一次
重来。我忍不住想，是不是
有一群摆动尾鳍的怪物，在水底匍匐，
在我的心里掀起无边的波澜？

2

我奔跑在沙滩上，和一群年轻人
踢足球。在我们头顶之上，
是一大群海鸥，逆着急风，
在无尽的蓝天中不断划弧。
在我们身边，海水浩荡，一波一波涌来
消散，消散在你安静的脚边。
哦，我怎能不请求，请求
记住这一切，就像大海记住鲸鱼。

3

多年没想起你了，偶尔在闲谈的
沉默中才会。那时我一直恨自己，痛恨，
怎能如此脆弱，逃避想象的难题。
如今，我大部分时间会原谅自己，
就像冷静麻木的中年人。
如今，我想看着你
在海滩追逐碎步的海鸥，
看着它们飞起，落下，飞起，落下……

4

在轮轨的敲击声中，我醒来又睡去。
在学术研讨会的发言中，我睡去又醒来。
直到滨海东路，五月底洋槐花的香气
才让我意识到北方还有北方：
这里的海带堆成小山，压低了
打捞船；这里的海滩沙子粗砺，
不像秦皇岛的沙子；这里的海风
刚硬，吹不动你淡绿色的裙子。

5

电脑还开着，屏幕发出刺眼白光。

我闭上眼睛，无数回忆涌来

退去，拍打我。我睁开眼睛，

一切瞬间黯淡，又异常清晰，

就像现在，无数剪影站在

我的床前，颤动，呼吸，

直到清晨的鸟鸣响起，熹微的光线

爬进屋子，她们才离去。

2017/9/17

阴　香

在美术学院马路西侧，我被细小的颗粒砸中
惊醒，发现淡黄色的花朵
落满斜坡和水泥地。

在我头上，是一排震颤着，发出嗡嗡低吼盛开的
墨绿色阴香树冠——
几千只蜜蜂推搡、踩踏和吸吮的包围圈，

好像春天引发了一场骚乱。

2020/5/17

洪水之后

从漓江学院向南，几天不见的太阳
照亮了崭新的公路，
加热出一股股浓重的腐臭味。

我感到惊异，透过高高的斑茅，
发现路东侧下方的桂树林
黏上了齐腰的白色泥浆。

它们已经干透了，
但只要一场小雨，就会返回
鼓动它们来的地方。

在运河桥边，停着七八辆汽车。
几个光膀子的年轻人
正抽着烟，盯着桥下聊天。

桥下有人在钓鱼。
他们坐着，站着，安静地散落在

退水的河岸和田垄上，

好像一切都被施了定身法。
肯定有什么力量，在召唤，在诱惑，
让我们来到此地，

这条已破败的运河旁，
等待，等待松弛的渔线
突然紧绷，

摇动我们的身体，
这条运河，这片土地，星球，
还有，我们的心。

2020/7/12

在龙泉峪长城上

风从山坳深处吹来，驱赶
草木翻滚，冲向城墙，让我们身心俱震。

云在远处舒缓的山脊上，滚动，
摩擦，好像山后已烧起一场大火——

它不仇恨，不怜悯，
我们看不到，听不到。

2020/10/26

启示的诞生

每一次我都会停下，黄昏的时候，
在这片芦苇地旁，
撑住车，静静地站上一会儿。
没有别的原因，
只为几只芦苇花穗上的小鸟——
黑色的后背，白色的肚皮，
好像黏在花穗上，随着微风
轻轻摇摆，不发出一点声音。
这些不知名的小鸟
黏在那里，摇摆，
好像远离了一切，
又好像没有，
和我，骑三轮车的农民，
匆匆路过的摩托车，运水果的货车，
天空中浮动的一层层鱼鳞云，
以及更高更远处的疾风
构成一个整体，轻轻摇摆。
而在它们之下，芦苇的深处，

我们看不到的地方，

无数的鸟儿在鸣叫，

掀起一波波声浪，

好像被什么吓到，闭不上嘴，

一定要说，有什么呼啸而过……

2020/11/27

水　峪

在云鸟竞逐的幽深天空之下，
从西山顶俯瞰
山间黑绿的玉米迷宫
和蜿蜒穿行的黄土路。
一辆拖拉机，载满青草，
喷着黑烟，正与午后阳光中
寂静的高热较劲。

几个小时前，我们走过的
废弃的玉泉寺，
淅沥飘洒几近干枯的瀑布，
还有，费尽力气
爬过的狭长山谷中
房子一样巨大的花岗岩石蛋，
全部隐入一片葱茏。

更早一点，我们骑着摩托车
从木井村颠簸而出，

向着黄绿斑驳微微颤动的群山

急切行进，

仿佛我们想看的一切，

在近午时分，如虚幻的蜃景

马上就要蒸发。

2021/3/3

飞来石

许多年后，我仍能记起这个场景：
猛烈的山风
从冷得几乎透明的西北
一波一波
吹来，
拍击着
花岗岩排叠
黄白相间雪后的山岭。
躲在
山顶传说从天而降的石头下
避风。
除了呼呼声，
似乎还有沉重的咚咚声，
好像这椭圆形巨石
被什么抱住
不停拉扯。
而我们的心，开始发热。

2021/3/27

两个场景

1

她们也来高中校门口小饭店吃饭。
上午十一点左右，她们睡醒
就从马路对面康乐城出来，
哼着“红尘啊滚滚”，用东北的大嗓门
喊老板炒几个菜，整啤酒，
互相粗野地骂人，开玩笑。
她们的香水让人头晕。
她们白皙的皮肤让人喘不过气。
她们即便冬天也要穿着紧身衣
露出肩膀紫色的蝴蝶纹身。
她们确信，她们已经让几个高中生
对她们产生了最狂野的想象，
在他们的心里，不断地颠簸。

2

晚上差不多八点，他们停好自行车，
让自己的女人下来，去霓虹闪烁
“痴痴啊情深”的猛犸歌舞厅上班。
他们有的蹲在马路牙子上，
有的靠在电线杆上，有的弓着腰
在路边一趟一趟来回溜达。
他们抽着烟，偶尔小声交谈，
之后，就是漫长必须忍受的沉默。
他们的烟头一次又一次亮起，黯淡，
好像他们过去上班的铸造厂
车间里撞击出的火花，
而在他们心中
铁锤与铁砧也在一次又一次撞击。

2021/5/17

书桌上……

书桌上摆着几本书，打印机旁：
一本硬壳灰色封皮拜伦的《唐璜》，
上下两册托尔斯泰的《安娜·卡列宁娜》，
还有，一本上海古籍的《杜甫选集》。

它们从北方打包快递，搬进
我的书房，上到拥挤的书架，
好多次，登陆这张书桌，每一次
都掀起巨大的风暴。

2021/6/12

在紫金港校区东门

下车，被一波急雨打中，
心中掀起浪涌，
就像老友重逢，聊到
不知道的变故。

抬头，看到千军白云
驱驰，几条天空裂隙，
几颗准确的星，还有
我们倏忽的一生。

2021/9/13

乌　鸦

——给汪老师

在一本书中，它是雀形目鸦科鸦属中
几种黑色鸟类的俗称，体长五十厘米左右，
杂食，吃谷物、浆果、昆虫
和其他鸟类的蛋等，
栖息在低山、平原和山地的森林，
大多是留鸟，喜欢群聚，常常有几万只，
把巢筑在树的高处。

而在另一本书中，它站在路灯上，
在没有月光，压着低沉阴云的夜空下，
逆着风，侧头鸣叫，
向着密集拍打行人的雪，
向着奔流喧嚣的汽车和高傲的大楼，
强硬，尖锐，嘶哑，
呼喊真，呼喊善，呼喊美。

2021/9/15

酸　枣

核儿比枣子还要大，只有一层干巴的皮。

坚硬。极酸。

塞一颗进嘴巴，

像小炸弹，

让舌头急速弹动，

口水奔涌，

嘶——嘶，哈——哈，

让整张脸地震，

让手舞足蹈，身体绷紧，一切都颤抖起来。

2021/9/23

捕　捉

那里，

是长满尖刺

枝杈紧紧交缠的

堡垒，

昆虫的

乐园，

勾引我们探险的

秘境。

蝈蝈

吱啊——吱啊——叫。

突然

消声。

身体

用不可能的姿势

凝固。

屏住呼吸。

手

等待眼睛的命令。

2021/9/23

猫神山

一定会有人想问，这是什么山？
在哪里？猫神是什么神？
灵吗？能保佑谁？
难道就是绕着我们的腿
举着尾巴，喵喵叫的猫咪吗？

或许真的有人能找到
一座猫神山，山上有一座庙，
庙里有一个老和尚，
在给登山朝拜的人
讲猫神奇妙的故事。

没有什么猫神山，
这不过是我们随意的玩笑——
几个人在下午雨后，
突然忍不住出门
登上水库边汉包山的闲聊。

但那里真的有一只猫。
就在沿山脊铺设
穿过山顶凉亭缓缓升起的步道上，
一只白色的猫，
正踩着石阶，攀爬。

它抓住我们的眼睛，顿时，
让我们无暇顾及
刚才还让我们激动不已
被夕阳映照
半边闪亮金黄的水库。

它穿过树丛的掩映
不断隐现，偶尔停下，
回头，似乎被傍晚变幻的山色
或者某种我们看不到的
什么东西吸引。

它继续攀爬，缓慢，
庄重，好像拥有统治一切的
力量，统治了我们

和这个时刻，直到

消失在山顶之后，很久……

2021/12/1

Human Resources

Human Resources，通常译作
人力资源，人力资源部，
或者人事部。

但最好的翻译还是人矿。
想一想，人矿，
想一想，多么准确：

在坚硬的岩层下，
它们被旋转的钻头切削，
被传送带传送，

被冲洗，粉碎，
被提取，淬炼，
被销售，被使用，

又被丢到地球的
某个角落

等待，等待重返

大地的深处。

想一想，人矿，

想一想，多么准确。

2022/8/21

九月在雁山园

那么多明码标识的人物依然活着
在被翻来覆去的
旧账里。
想来，也像我们此时的感受
没办法
真淡定，
一如潜身而去的
飞来河
明处水波不兴，暗处湍急浪涌。

2022/9/12

贝　壳

十八年前，从大连某处海滩
被捡起，带回，
装进一个翻着白浪的蓝色盒子，
随后，
被无声无息
丢进书桌抽屉的角落。

直到有一天，被偶然发现，
打开。
它依然鲜亮如刚被捡起，
精致，美丽。
棕色的条纹
一圈一圈

向着扇形的根部
汇聚，
好像仍能看到，听到，
无始无终的波涛

向着我们曾经站立过的地方

滚滚而来。

2022/12/3

把盏山的鹰

一连几天，我都会骑自行车去那里，
去找两只鹰，每一天，
在不同的时间，
但都没有找到，
只看到被新鲜的菜花包围
壁立的把盏山，
来来往往的三轮车，
还有，正缓缓翻拱田地的旋耕犁
和零星散布的农民
在吸满湿气的天空下安静地劳动。

就在一年前，它们都在那里。
两只。有时盘旋在山顶，
一高一低，偶尔互换位置，
好像春天的气息鼓动着它们；
有时一只躲开另一只，
凝固到眼睛几乎辨不出的深空
把我的目光紧紧拉住；

有时干脆都消失了，
就在我要失望离开时，
它们又从山间拍打着空气升起。

如今打开手机相册，只能看到它们
由像素构成的剪影。
放大，马赛克堆叠，
只是两个比天空稍浓的色斑，
不再是准确的鹰的形象，
那种饱满的黑色、速度、力量和对称。
但透过图像，它们仍在那里，
静静地，高悬于灰色的高空，
盘旋，巡视，
好像就要向着大地，急速地俯冲……

2022/3/29

后记

这是我的第一本正式出版的诗集。诗集分为三部分，大致记录了我从农村到城市，从北方到南方所经历的生活。与同时代其他人相比，这些生活一样日常、细小，并没有什么特异之处。但是，从中我却常常感到风暴般的力量，带给我巨大的惊异。它们太复杂，太神秘，似乎存在本身就是一个奇迹，吸引我不断去感受、辨析和理解。这就是我把诗集命名为《啄木鸟来访》的原因——诗歌的主要目标是一种发现，对具体世界中道理的发现和表达，就像二十年前出现在我窗外的那只啄木鸟，撑住尾巴，抓紧树干，左右摆动脑袋，找到合适位置，嘴巴急速地敲打，发出有节奏的笃笃声。

我开始写作的动机是本能性的，完全是为了把自己内心难以压抑的感受记录下来，或者发泄出来。这种起步方式不够文学，近乎粗野，甚至有些题材可能还没来得及真正理解，表达得也不够清晰，过于“笨拙”，但是，好处也是显而易见的，即立意足够诚实可靠。这让我得以避开许多危险的诱惑，尤其是教条和虚荣的诱惑，不必为自我设限，可以直面生存本身，跟随着感受去探索，也让我没有卷入消耗性的胡思乱想，不必为诗歌代际交替焦虑，为诗歌圈子纠结。我唯一需要做的就是专心，保持足够的敏锐，为那些让我不得不发出声音的感受找到合适的形式。

发现的过程不是一帆风顺的。生活中总有消极和虚无的东西，尤其是那些荒谬到极致的愚蠢、恶意和暴力，它们长久地刺伤我，让我难以释怀，总感觉世界摇摇摆摆，瞬间就要崩塌。这太无理了。相当长一段时间，严重的怀疑和虚幻感裹挟了我，掏空了我。我曾认真思考过，如果没有道理，还能不能写下去？答案是不能。这些坚硬的无理是生存的必然组成部分，没办法通过幻想让其消失。对于我来说，唯一能够依靠的方式就是写作，用写作去面对、消化和孕育。这似乎有点荒谬，逻辑上讲不通，但不断的写作过程证明了行动的有效性，道理最终逐渐显现。

现在，过去已经在这本诗集之中了。对于未来，写到什么程度，写成什么样子，我并不清楚，但是我确定还会写下去，诗歌与世界的互证不会停止。这种信心不仅仅来自写作本身的意义，也来自身边的那些美好心灵。我最早的抱负并不是文学，但兜兜转转，没想到竟然写了二十多年。这与我的师友有关，尤其是我的老师雷武铃，甚至可以说，没有他，我不可能走上文学道路。一个人走什么路是意愿、能力和运气因缘际会的结果，但能长久坚持下去，必然有更为深层次的道理的存在。对于我，这与道理和见证奇迹的渴望有关，也与这些美好心灵彼此无私的激励有关。因此，我要感谢这些美好的心灵。感谢我的老师雷武铃，前辈诗人杨铁军、周伟驰和席亚兵等，感谢我的朋友志军、王强、长才、俊勇、国辰、丽姿、杨震、肖磊、小龙、昶伟和彩云等，和你们一起，不仅让我在诗歌方面获得助益，也收获了纯洁温暖的友情，让我在最暗淡的时刻，仍然相信世界。感谢我的老师汪剑钊，我的朋友杨沁、贾涵斐、张猛、胡希琴、胡默然和汤笑然等，是你们对文学，尤其是对诗歌的坚持，让我感受到一种强大勇气，这是何等珍贵的存在。感谢我的父母和哥哥，感谢玉伟，你们的付出重于所有语言。我把这本诗集献给你们，未来我仍然愿意。

2023年6月1日

广西　桂林

图书在版编目（CIP）数据

啄木鸟来访 / 雷武铃主编；刘巨文著 . — 南宁：广西人民出版社，2024.5
（大雅诗丛）
ISBN 978-7-219-11750-7

Ⅰ. ①啄… Ⅱ. ①雷… ②刘… Ⅲ. ①诗集—中国—当代 Ⅳ. ① I227

中国国家版本馆 CIP 数据核字（2024）第 065563 号

策　　划　白竹林
执行策划　吴小龙
责任编辑　许晓琰
助理编辑　张　洁
责任校对　黄　熠
装帧设计　苏　玥

出版发行　广西人民出版社
社　　址　广西南宁市桂春路 6 号
邮　　编　530021
印　　刷　广西民族印刷包装集团有限公司
开　　本　787mm × 1092mm　1 / 32
印　　张　4.5
字　　数　80 千字
版　　次　2024 年 5 月　第 1 版
印　　次　2024 年 5 月　第 1 次印刷
书　　号　ISBN 978-7-219-11750-7
定　　价　42. 80 元

让我有更多的机会向研究镇江文化的前辈专家们讨教，更广泛地学习和了解镇江文化，并做一些力所能及的宣介和推广工作。

为金山寺著书却着实不易，这种不易来自于三个方面：一是金山在镇江文化中的重要性和金山寺在中国佛教中的崇高地位，的确让人心生无限敬意，下笔如有千钧，不敢有一丝随意。二是如何寻求突破，将此书写得富有新意且让人感觉颇有压力。三是在极少数关于金山的书和介绍之中，确有部分语焉不详者，甚至还有相互抵牾之处，查实勘误也颇伤脑筋。幸而我得阅诸多先贤与前辈的著述，得到众多专家和老师的指导，在此也要表达我真诚的谢意。

在镇江谋生的十多年里，或为采访、或陪客人，早不记得多少次登临金山了。为了这部书稿的写作，我又一次次流连其中，沉醉于其秀丽的风光中，亦沉醉于其丰富的历史文化和动人的传说故事中。书成之时，如能让年轻人有兴趣读下去，专家学者翻开后也能不皱眉头，我心便安矣。

后记

大学将近毕业，同学们四散各地，寻找栖身之所。当得知我签约镇江日报社时，他们就常常跟我开玩笑，说："到金山找白娘子去了？"由此就可以管窥金山名气之大。的确，"金山寺"、"白娘子"这样的文化符号是大大超越了镇江区域界线而驰名海内外的。外地人到镇江游玩，即使时间再过仓促，金山也往往是必到之处。

一晃定居镇江已十多年，在工作和学习中，我渐渐对镇江地方文化产生了浓厚的兴趣，这座江南古城三千多年的悠久历史和南北交融的丰厚文化实在让人着迷。这些年，我着力收集有关镇江文化的书籍资料，几年下来也已聚有数百册，其中自然有大量关于金山寺内容。2008年开始，我转岗副刊，从事地方文化版的编辑工作，这又